LA CONSERVATION

DE L'HOMME.

TYPOGRAPHIE ET LITHOGRAPHIE FÉLIX MALTESTE ET Cie,
Rue des Deux-Portes-Saint-Sauveur, 18.

LA CONSERVATION DE L'HOMME

PUISÉE DANS

LA SCIENCE HERMÉTIQUE

OU

L'ART DIVIN DE PROLONGER LA VIE

A L'ÉTAT DE FORCE ET DE SANTÉ.

NOUVELLE ET FACILE APPLICATION DES ŒUVRES MYSTÉRIEUSES DE LA NATURE AUX PHÉNOMÈNES DE LA VIE HUMAINE.

« L'humanité serait plus forte et plus
» vigoureuse, si dès l'enfance on appre-
» nait à vivre. »

ÉDITÉ SUR LES MANUSCRITS ORIGINAUX

PAR LE CHEVALIER J. DE SAINT-GERMAIN.

PARIS,
AU DÉPOT DES ŒUVRES HERMÉTIQUES,
CHEZ L'ÉDITEUR,
RUE NEUVE-DES-CAPUCINES, N° 12.

1847
1846

AVERTISSEMENT.

Ce livre n'est point un livre de médecine, il ne s'adresse pas aux malades, mais à ceux qui craignent de le devenir. Toutefois, l'auteur ne fait aucune difficulté de déclarer qu'il est médecin, et qu'en cette qualité, tout en soignant un grand nombre de malades, il a publié divers ouvrages relatifs à l'art de guérir ; mais il entend ne point faire ici *acte de médecin*, il prétend même faire quelque chose comme le contraire de cela, puisqu'il veut enseigner l'art *de ne point devenir malade*.

Aucune des règles de la science médicale ne saurait être appliquée à la science qui enseigne à se passer d'elle ; aucune des lois qui régissent l'art de guérir ne saurait être opposée à celui qui dit aux hommes : je ne viens point vous guérir, mais si vous êtes faibles, je vous rendrai forts ; si vous êtes vieux, je ranimerai en vous la chaleur vitale qui s'éteint ; je viens enfin vous apprendre *comment on peut ne pas être malade* : si, malgré mes conseils, ce malheur vous arrive, vous vous adresserez à ceux qui ont mission de vous guérir, car alors vous serez dans le domaine médical, et tous actes faits envers vous dans cette voie seront actes de médecins à malades. Cela dit, qu'il soit permis à un homme qui a consacré à l'étude et à la pratique de la médecine les plus belles années de sa vie, de déclarer avec franchise que, s'il lui fallait recommencer sa carrière, et choisir entre ces deux voies bien distinctes entre elles, de se consacrer à l'étude des moyens propres à éviter les maladies, ou se vouer uniquement à l'art de les guérir, il n'hésiterait pas un seul instant à choisir la première ; non qu'il répudie la science médicale ou qu'il en soit arrivé à la considérer comme tout-à-fait impuissante, mais parce que, dans sa conviction, ce qui vient de Dieu est préférable à ce qui vient des hommes. Or, l'amour de la vie étant un sentiment commun à tous les êtres, ce sentiment a dû nécessairement être placé en eux par une volonté prééminente qui a donné à chacun, selon ses facultés, l'instinct de sa conservation. L'homme, en raison de la supériorité de son organisation, a pu employer pour la sienne, non seulement toutes les ressources de son intelligence, mais encore celles de ceux qui sont en communauté de vie avec lui. Il résulte donc de cette simple appréciation des faits, que la science de la conservation de l'homme à l'état de santé est de droit primordial et commun à tous ; que cette science, ou plutôt cette révélation instinctive, confère à celui qui l'exerce une mission toute divine, qui prend son mandat dans le droit imprescriptible de l'intelligence, tandis que la science médicale, née de nos misères, établie pour leurs besoins, a suivi avec elle toutes les vicissitudes de l'esprit humain ; ignorante ou fanatique, savante ou superstitieuse, elle a tour à tour condamné ou admis les systèmes les plus opposés ; soumise, comme tout ce qui est d'institution sociale à toutes sortes d'entraves, de préjugés divers, elle a souvent fait le mal des hommes, et toujours le tourment de ceux qui cherchaient en elle la vérité. Telle qu'on l'a faite aujourd'hui, la science médicale n'est point une science, c'est une simple pratique, réduite à d'étroites théories, réglementées par des lois qui enchaînent, sans aucun profit pour l'humanité, l'intelligence et la volonté de celui qui l'exerce. Oui, certes, pour un homme qui n'en est plus aux illusions, le choix ne saurait être douteux ; car en admettant qu'il se tromperait sur les causes de perturbation qui existent dans les lois de l'organisation humaine, ainsi que sur l'efficacité des moyens qu'il croit propres à combattre ces causes de perturbation, cette double erreur ne pourrait porter un grand préjudice à ceux qui la partageraient avec lui, tandis que sa conscience ne saurait être un seul instant en repos sous le poids terrible qui pèse sur elle par suite des devoirs du médecin : non, toute la science du monde, ou ce qu'on appelle science dans l'état d'imperfection où nous sommes, ne peut rassurer celui qui se sent chargé de la responsabilité de la vie de son semblable ; et dans ce cas, les meilleures intentions, la foi la plus pure, le plus grand désir de faire le bien, sont des armes impuissantes pour combattre le doute accablant qui pèse sur le cœur comme sur l'esprit.

Ainsi donc, qu'aucune allusion, qu'aucun rapprochement ne soit fait entre ce livre et ceux qui ont trait à l'art de guérir, car son auteur n'a eu pour but que de faire participer ceux qui croiront en lui aux avantages d'une science qui ne lui a point été transmise dans les écoles de médecine. Cette science n'est point renfermée dans les limites étroites d'une faculté ; elle a pour domaine la nature entière, et pour titre, le droit que l'homme a reçu de Dieu même, de faire servir les ressources de son intelligence à l'amélioration de sa vie physique et intellectuelle.

INTRODUCTION.

La science hermétique a pour objet la connaissance de certains phénomènes qui paraissent hors des lois de la nature, et qui ne paraissent ainsi que parce que la science ordinaire est impuissante à les expliquer.

Ceux qui se sont livrés à l'étude de cette science ont, à cause de cela, formé une classe à part de savans dont le but, faute sans doute d'être suffisamment défini, n'a pas toujours été apprécié avec justice et impartialité. Leurs doctrines, bien que puisées dans la science commune, s'écartaient des croyances reçues, dans ce sens seulement, qu'ils attribuaient aux élémens des corps des propriétés génératrices qui les rendaient aptes à constituer indifféremment telle ou telle espèce de matière, selon l'ordre de leur combinaison et leur puissance d'affinité.

L'objet principal des recherches des philosophes hermétiques était de trouver les lois de cette combinaison et l'élément générateur de cette affinité ; c'était leur pierre philosophale.

Ce que l'on appelait pierre philosophale (1) était aussi appelé pierre divine, baume de vie, essence d'immortalité, etc., etc., selon que ceux qui se consacraient à la recherche de cet élément miraculeux avaient en vue, ou le bien-être matériel des hommes, ou la conservation indéfinie de leur santé.

Les philosophes hermétiques peuvent donc être divisés en deux catégories : les uns, comme Paracelse, Wan-Helmont, plaçant le suprême bonheur de l'homme dans une libre et parfaite jouissance de toutes ses facultés, admettaient la possibilité d'arrêter les effets de l'âge au moyen d'un élément régénérateur ; les autres, comme Raimond-Lulle, Robert Luce, faisant consister la suprême félicité dans la possession des richesses, cherchaient le moyen de transformer les métaux qu'ils appelaient *imparfaits, impurs*, tels que le plomb, l'étain, le cuivre,

---

(1) Le mot *pierre* ne doit pas être adopté dans un sens absolu, car si quelques auteurs ont parlé du produit du grand œuvre comme d'un corps solide, d'autres l'ont admis sous forme liquide, quelques-uns même à l'état d'air (gaz).

l'argent même, en métal *parfait*, l'or, qu'ils considéraient comme le métal par excellence, sans doute à cause que sa possession suffit pour se procurer toutes les jouissances de la vie ; ceux-ci étaient plus ordinairement désignés sous le nom d'*alchimistes*. Toutefois les uns et les autres se rapprochaient dans une croyance commune, car plusieurs affirmaient que l'objet de leurs ardentes recherches pouvait, en même temps, faire le bonheur des hommes par le don des richesses, et leur assurer une longue vie exempte d'infirmités.

On sait que le travail des alchimistes n'a pas été sans fruit pour les sciences, et que la chimie, la médecine, les arts manufacturiers même, se sont enrichis de plusieurs découvertes (1) dues à ces savans manipulateurs que l'on a longtemps désignés sous le nom de *souffleurs*, à cause sans doute que leurs principales opérations se faisaient presque toujours à l'aide d'un feu ardent et continu.

Les plus célèbres alchimistes, *les princes de la science*, ont laissé de nombreux écrits qui traitent de leur art avec une apparente simplicité ; mais si on veut lire ces écrits dans un but d'étude sérieuse, et plus encore si l'on veut passer de la théorie à l'expérimentation, on se voit à chaque pas arrêté par l'énonciation de faits in-

(1) La structure intime de divers corps, le phosphore, plusieurs teintures minérales, la coloration des verres, etc., etc.

connus, par la désignation de choses et de substances pour la recherche desquelles le secours de tous les dictionnaires du monde devient absolument inutile. Il y a tel volume, dans lequel l'auteur démontre la manière de faire la pierre philosophale, *de transmuer les métaux*, avec un abandon si naïf, et en même temps une si apparente facilité d'exécution, que l'eau en vient à la bouche de prime abord, et que l'on se prend à s'étonner que chacun ne fasse pas chez soi, le matin, sa petite dose quotidienne d'or, absolument comme on préparerait sa tasse de café. Mais ces malicieux auteurs ont dissimulé leur pensée en apparence si claire, sous une enveloppe tellement difficile à pénétrer, que le nombre de ceux qui ont pu en saisir le sens véritable est infiniment petit, et que ceux-là n'ont pu en venir à bout qu'à force de patience, de méditations, et surtout en se livrant à des recherches excessivement laborieuses, et à de nombreuses et minutieuses expérimentations.

Il s'est formé plusieurs disciples de cette science qu'on pourrait appeler la science du mal comme celle du bien, car la richesse produit l'un et l'autre; l'histoire et la tradition nous ont conservé les noms des plus célèbres : il y en a eu dans les temps modernes, il en existe certainement encore, et il a été donné à l'auteur de cet écrit de connaître un des plus purs, des plus patiens, des plus zélés, et certainement des plus instruits, parmi ceux qui croyaient, ou qui croient encore que le pouvoir de l'homme n'a pas de limites possibles. Mais n'anticipons pas, car ceci n'est point une œuvre d'imagination, un récit fait à plaisir et sans aucune portée, c'est l'exposé simple et vrai de faits qui pourront paraître extraordinaires, impossibles même à beaucoup de gens qui, pourtant, sont aussi vrais que la lumière, et qui, à cause de cela même, doivent être présentés dans l'ordre où ils se sont révélés ou produits.

Dans une science aussi extraordinaire que celle qui professait la possibilité pour l'homme de transformer la nature des métaux, de prolonger la vie (1), il n'est pas étonnant qu'il se soit trouvé des hommes qui en aient exagéré la puissance, d'autres chez qui l'étonnement, le manque de lumières ou de conviction, se sont traduits en incrédulité; mais au milieu d'eux se sont trouvés des hommes sérieux, de vrais adeptes, qui ont séparé l'erreur de la vérité, qui se sont convaincus par l'évidence des faits; ceux-là n'ont pas perdu leur temps: ils ont trouvé la juste récompense de leurs laborieux travaux.

(1) On a même été jusqu'à prétendre que l'on pourrait rallumer la vie complétement éteinte, et l'on s'appuyait sur de saintes traditions qu'il ne nous convient pas de faire entrer dans une semblable controverse.

C'est une chose fort difficile à établir que la preuve de la possibilité de prolonger la vie au-delà des limites ordinaires, car cette preuve ne peut être donnée par des expériences instantanées. Aussi, les philosophes se sont-ils contentés d'en jouir pour eux-mêmes, sans attacher une grande importance à convaincre sur ce point les esprits incrédules. Il n'en est pas de même au premier abord pour la transmutation des métaux, chose toute physique, toute matérielle, et dont le phénomène est appréciable par tout le monde ; cependant tous ceux qui ont voulu rendre publique leur croyance à cet égard ont eu à s'en repentir. Paracelse l'a tenté, et il s'est vu tout aussitôt accuser de supercherie. De telles expériences sont donc impossibles, car les mêmes accusations se renouvelleraient immanquablement; on ne manquerait pas de dire, comme à Paracelse, que l'expérimentateur aurait glissé un morceau d'or dans son creuset; d'ailleurs, il est infiniment probable que si quelques personnes ont trouvé ce secret, elles ont mieux aimé faire en silence leur profit de cette précieuse découverte, que de l'exposer à la curiosité publique.

J'ai connu des hommes très censés, très instruits, qui croyaient à la transmutation des métaux, ou tout au moins à la possibilité d'un changement notable dans l'organisation de leurs molécules constitutives. Ces hommes disaient que de telles choses n'étaient pas plus impossibles que de faire mouvoir une grenouille morte; de faire soutenir, attirer, ou repousser un morceau de métal par un autre; de faire fondre et évaporer un barreau métallique par le seul effet d'un courant *invisible,* dégagé du mélange, inoffensif pour tout autre objet, de quelques pièces de métal plongées dans un acide ; je ne sais trop ce qu'on pourrait répondre à cela, à moins de poser en fait qu'il n'y a, et qu'il ne peut y avoir de vrai, que ce qui est généralement admis aujourd'hui dans les écoles, et que *la borne* de l'intelligence humaine est définitivement posée à tout jamais (1).

(1) Non, elle n'est pas posée, et parmi toutes les preuves qui en abondent de toute part, nous prenons seulement celle-ci, empruntée au compte-rendu des travaux de l'Académie des sciences par le journal *le Siècle* (7 octobre 1846).

Transformation extraordinaire de la matière ligneuse.

« ..... Nous parlerons d'un nouveau corps extrêmement remarquable
» dû au même physicien (M. Shœnbein) dont nous devons la connais-
» sance à une interpellation adressée par M. Arago à M. Dumas. Il s'agit
» *d'une de ces transformations vraiment surprenantes,* comme on en
» connaît déjà quelques-unes, *qui déconcertent l'observateur, et
» tendent singulièrement à réduire le ridicule attaché aux idées des
» anciens alchimistes sur ce point.* On voit ici un corps grossier,
» opaque, le ligneux, le bois, revêtir comme par enchantement l'aspect
» et les propriétés d'un corps nouveau, *transparent comme du cristal,*
» souple et flexible comme du papier, et cependant solide et imper-
» méable à l'eau, susceptible de prendre toutes les formes, de paraître
» lumineux dans l'obscurité, etc., etc. Tels sont les faits curieux dont
» M. Dumas a été témoin et qu'il a fait connaître à l'Académie. »

A côté de ce fait si extraordinaire d'un morceau de bois devenu, par

Quelques hommes ont-ils réellement trouvé le secret de composer de l'or? Il y a des gens qui l'affirment, d'autres qui le nient, comme cela se rencontre pour toutes les choses qui ne peuvent pas se prouver d'une façon patente et irrécusable ; l'histoire permet au moins le doute, car elle nous a transmis certains faits dont l'explication assurément ne pourrait se trouver dans l'ordre des voies ordinaires. Voltaire lui-même, qu'on ne taxera pas d'être un croyant trop débonnaire, a raconté, dans l'histoire du roi de Suède, le fait d'un officier condamné à mort qui obtint sa grâce sans qu'on pût en connaître la raison. Cet officier avait déclaré que si le roi voulait lui accorder la vie, il le mettrait en possession d'une grande richesse, et cela *sans sortir de sa prison*. Voltaire n'assure certainement pas que le condamné ait rempli sa promesse, mais toujours est-il qu'il regarde le sursis de son exécution, puis enfin sa

---

un procédé chimique, *souple et transparent comme un cristal*, supposez que M. Dumas ou tout autre vienne dire à l'Académie. « Voici
» un morceau d'argent fin auquel on a donné la *couleur*, la *densité* et le
» *poids* de l'or à volume égal, il est tel enfin qu'il nous serait impossible
» maintenant de reconnaître si un lingot pareil à celui-ci serait ou ne
» serait pas de l'or véritable. » Je prie qu'on dise lequel des deux faits pourrait paraître le plus extraordinaire, lequel des deux on pourrait repousser comme impossible? Non, *la borne* de l'intelligence humaine n'est pas posée, et quelque jour peut-être on viendra présenter comme découverte nouvelle, des choses connues et pratiquées par ceux *dont on s'est moqué pendant longtemps*.

grâce définitive comme une chose digne d'attention ; et tout en exprimant des doutes sur la réalisation du fait avancé par l'officier, il le fait en des termes qui donnent à penser qu'il n'y avait pas de sa part une incrédulité absolue.

J'ai connu, il n'y a pas fort longtemps, un homme très versé dans l'étude de la métallurgie, et dont l'idée de s'occuper de la nature des métaux avait pris naissance dans une circonstance assez singulière. Cet homme, sur la bonne foi duquel je n'ai jamais élevé le plus léger doute, me racontait que dans sa jeunesse il avait été employé par une réunion de personnes qui travaillaient sur les métaux; les opérations se faisaient dans une maison isolée située près de Paris. Le jeune homme eut peur d'abord de se trouver sans le vouloir complice d'une bande de faux-monnayeurs, mais comme il avait déjà quelques connaissances en chimie minérale, il fut bientôt rassuré par la nature des travaux auxquels il prenait part ; cependant le mystère dont on s'entourait, les précautions que l'on prenait pour se garantir de toute indiscrétion, soit de sa part, soit de celle des gens que l'on était quelquefois forcé d'employer, ne laissaient pas de l'intriguer beaucoup. Enfin un beau jour, après une longue et laborieuse opération, il remarqua dans toute la maison un mouvement inusité, puis on lui annonça le départ de toute la société; ce départ s'effectua en effet le lendemain, après qu'on eut payé, beaucoup plus largement qu'on ne le faisait d'habitude, tout ce qui pouvait être dû à chacun, et lui laissant à lui-même, comme gratification, quantité d'objets et d'ustensiles de chimie ayant servi aux manipulations. Il y a beaucoup d'histoires de ce genre, il est impossible qu'il n'y en ait pas quelques unes de vraies, et, comme celle-ci dont je ne doute nullement, elles doivent reposer sur quelque fait mystérieux que l'on a voulu dérober à la connaissance du public.

J'ai dit qu'il y avait parmi *les sectateurs de la philosophie divine* (1), des hommes disposés à tout croire sans examen préalable, et d'autres plus réservés, qui, tout en admettant la possibilité de certains faits non avoués par la science, repoussaient, sinon absolument, du moins jusqu'à preuve contraire, les faits notoirement en opposition avec l'ordre physique et la nature intime des choses créées ; le savant, dont j'ai déjà dit quelques mots, était au nombre de ces derniers ; nous allons faire plus ample connaissance avec lui.

C'était en 18.., une grande révolution venait de s'opérer, ou pour parler plus logiquement, une grande révolution venait de rétrograder. La secousse qui s'en était suivie avait brisé plus d'une existence : la mienne, à moi chétif,

(1) Expression adoptée par quelques auteurs pour désigner ceux qui se livrent à la pratique du grand œuvre (pierre philosophale).

était remise en problème, et celle de ma famille était renversée complétement. Le mystérieux enchaînement des choses de ce monde qu'on appelle le hasard, me mit en rapport avec l'homme étonnant dont je veux parler, et dont je tairai le nom par égard pour une grande douleur. Cet homme, qui devait avoir une si grande influence sur ma destinée, était profondément versé dans l'étude de la chimie organique, il avait pendant longtemps exercé la profession de pharmacien ; il avait été, à cause de cela, plus à même que tout autre de voir toute la pauvreté de la science médicale appliquée à la guérison des maladies, et plus d'une fois il lui était venu en aide au moyen de compositions miraculeuses dont il possédait seul le secret (1). Une idée fixe le dominait surtout, c'était, non de guérir les maladies, cela lui semblait trop facile ou trop vulgaire, mais de les prévenir en conservant à l'homme, le plus longtemps possible, l'équilibre vital qui constitue la santé. Ses travaux étaient fort avancés sur ce point, et il faut avouer qu'il était lui-

---

(1) Il fut plus d'une fois consulté par d'éminens personnages, l'Impératrice Joséphine entre autres, qui avait tant d'intérêt à conserver les avantages et le prestige de la jeunesse. Il m'a dit plusieurs fois que cette infortunée Princesse aurait infailliblement obtenu, par lui, ce qui était l'objet de ses plus chers désirs, si moins entraînée vers le monde, ou moins dominée par les exigences de sa situation, elle eût pu suivre ses conseils avec continuité ; elle fit cependant usage de l'élixir hermétique et de l'eau de santé.

même un exemple vivant de l'excellence de ses procédés, car il était impossible de voir un homme, dans un âge aussi avancé, (il avait près de quatre-vingts ans) conserver autant de chaleur de cœur, de vivacité d'esprit, de facultés physiques et morales que lui : c'était un jeune et vigoureux vieillard, comme je n'en avais jamais vû, et comme je n'en ai pas vu depuis. L'esprit fertile, profond et investigateur de cet homme extraordinaire, lui avait rendu facile l'interprétation des passages les plus obscurs des auteurs hermétiques ; les plus grandes difficultés n'étaient que jeux pour lui. Inutile de dire que ce savant, qui n'était membre d'aucun Institut, ni d'aucune espèce d'Académie, croyait au grand œuvre, mais il y croyait avec quelques restrictions.

Il admettait la division des règnes, et il croyait, avec les chimistes modernes, que chaque grande division des corps créés, obéissant aux mêmes lois de formation, renferment les mêmes principes constitutifs, et que les différences que l'on remarque entre eux ne consistent que dans l'arrangement de leurs molécules, et dans certaines règles d'affinités mues par un élément particulier qu'il nommait *de composition*. Partant de cette idée, il disait : que les métaux étant de la même nature primitive, on pouvait, en imitant le travail de la nature, modifier leur construction apparente, et leur donner des caractères identiques ; mais il pensait aussi que les difficultés augmentent à mesure qu'on s'éloigne des ressemblances physiques avec le type que l'on veut obtenir ; ainsi, disait-il, l'argent sera plus aisément transformé en or que l'étain, celui-ci à son tour sera plus aisément transformé en argent que le plomb, et ainsi de suite ; il admettait surtout les alliages combinés lentement, et favorisés par l'élément de composition, qu'il appelait aussi, à l'exemple de quelques uns de ses devanciers, *poudre de projection*. Il possédait les plus beaux et les plus précieux échantillons de minerais primitifs qui se pussent voir ; il avait fait venir à grands frais une immense quantité de terre vierge des mines d'or, d'argent, de cuivre, pour en analyser les principes et les élémens de constitution ; sa bibliothèque renfermait tout ce que la science hermétique possédait de plus rare, et il avait pour son usage traduit et commenté les passages les plus mystérieux des arcanes de la chimie minérale.

Cet homme studieux avait plus d'une fois attiré sur lui l'attention publique par les cures merveilleuses qu'il avait opérées sur de pauvres malades abandonnés des médecins ; son âme généreuse le portait surtout à secourir les malheureux, et s'il désirait les richesses, c'était uniquement pour avoir le plaisir de les répandre autour de lui.

Fort de sa conviction, encouragé par ce qu'il avait déjà obtenu de la science à laquelle il s'était voué, cet homme, qui n'avait presque point de fortune, n'hésita pas à réaliser tout ce qu'il put réunir de valeurs productives; puis, ayant vendu son officine, il se retira dans la ville de V...,...., et là, dans une habitation modeste et commode, éloigné du bruit et des curieux, entouré de ses livres et de ses instrumens, de ses échantillons et de ses produits commencés, il se livra avec ardeur à la poursuite de son idée chérie.

Lorsque je le connus, il avait admis en association avec lui un jeune savant, qui déjà se faisait un nom dans la science qui a pour objet l'étude des corps célestes, et une jeune dame, entraînée par l'exemple de tous deux vers une chose dont, sans trop la comprendre, elle attendait une part de bonheur et de gloire.

Je fus admis dans cette intimité; je devins le disciple, le suppléant, le manipulateur du vieillard, l'ami du jeune couple, et, m'abandonnant à leurs douces illusions, je rêvai aussi la fortune et le plaisir de faire des heureux......

On se souvient encore des calamités de 18.. et de 18.. Le ciel fut aussi inclément que les hommes, le plus affreux temps perdit toutes les récoltes; le soleil, ce père de la vie, ce foyer de production pour notre globe, semblait s'être voilé à tout jamais; une grande opération commencée à grands frais par le maître manqua complétement; je voulus essayer de lui persuader qu'on pourait remplacer la chaleur vivifiante du soleil par celle de nos appareils; il se refusa absolument aux essais que je voulus tenter. Profondément instruit dans les plus petits détails de la chimie ancienne, il ignorait, il méprisait même, les procédés modernes à l'aide desquels on aurait abrégé le temps, et vaincu les difficultés que nous opposait l'atmosphère. Je n'ai jamais vu un homme aussi avancé en âge tenir si peu compte du temps; il semblait, et cela était vrai au moins pour lui, que les périodes du temps n'avaient pas la moitié de leur valeur réelle.

La perte de deux années de travail, et ce qui était plus sensible encore, celle d'un capital assez considérable, porta le découragement dans la petite société; seul, le vieillard soutint son courage et sa foi. Puisque vous êtes pressés, dit-il, accordez-moi seulement un an, et fournissez aux dépenses matérielles pour les travaux, je ne demande rien pour moi : le reste de mon argenterie pourvoira aux besoins de ma maison ; le docteur restera ici, au moins autant qu'il le pourra ; il travaillera avec moi à une opération que j'ai longtemps gardée en réserve comme une ressource pour le besoin ; vous ne serez pas aussi riches, mes enfans, que vous deviez l'être, mais vous le serez encore assez pour venir me voir dans vos propres voitures; car pour moi, je reste ici, et j'y recommencerai ce que le mauvais temps seul m'a fait manquer.

Ce qu'il demandait, quoique rendu difficile par tous les sacrifices qu'on avait faits jusque-là, fut accepté avec empressement; *on jura de ne pas l'abandonner*, et moi je me livrai avec ardeur à un travail bien rude, quelquefois même au-dessus de mes forces, car nous ne voulions point admettre d'ouvriers dans la maison. C'est dans la première moitié de cette année, commencée pour moi sous d'heureux auspices, que je passai le meilleur temps de ma vie. Admis à l'intimité de ce respectable vieillard, il n'avait rien de caché pour moi; dans nos entretiens familiers sa belle âme se révélait tout entière; je puisais à loisir dans ce foyer de sciences, tout lui était connu; et lorsque j'avais l'air de douter de son pouvoir, il me proposait de suite de le mettre à l'épreuve : c'est ainsi qu'il me guérit à moi-même des hémorrhoïdes douloureuses qui faisaient le tourment de ma vie. Je cherchais des malades parmi ceux qui étaient le plus en droit de douter des ressources de la médecine, et il les guérissait. Il appelait cela prendre ses récréations. C'était surtout dans la cicatrisation des plaies qu'il excellait; je lui amenai successivement des malades atteints de vieux ulcères, de plaies gangréneuses; en très peu de temps tout cela disparaissait. J'obtins à l'aide de ses conseils la guérison de plusieurs plaies d'une nature grave, entres autres celle d'un large ulcère rongeant qu'un boucher de Paris, le sieur Robert, portait à la jambe droite depuis plusieurs années, et pour lequel on n'osait même pas lui proposer, avec quelque chance de succès, la triste ressource de l'amputation. Les maladies des viscères, *la gastrite, la phthisie, l'hydropisie, les maladies du foie, les maladies nerveuses, l'hypocondrie, les maladies du cœur*, tout cela était pour lui l'affaire de quelques prescriptions ; il ne faisait jamais d'ordonnance et nous préparions ensemble les médicamens que devaient employer les malades (1). A cette occasion, il ne manquait pas de me faire observer dans ses doctes leçons, qu'il ne suffit pas qu'un médicament soit bien ordonné dans le sens de son application, mais qu'il faut encore qu'il soit préparé *avec des élémens irréprochables*, et surtout qu'il soit confectionné avec le plus grand soin et selon le vœu de son auteur ; il m'initiait à ses plus savantes manipulations, et m'apprenait des combinaisons de médicamens ignorées ou oubliées dans la pratique. Dans ces épanchemens de la science et de l'amitié, ce vénérable philosophe m'en a plus appris que vingt années d'étude n'auraient pu le faire au milieu des plus savantes écoles.

Mais l'idée favorite de mon savant maître, celle de la

---

(1) Il serait beaucoup plus rationnel, quoi qu'on en puisse dire, et cela par des raisons qu'il serait trop long de déduire ici, que les médecins préparassent eux-mêmes les médicamens qu'ils veulent administrer à leurs malades, cela était ainsi dans les temps anciens ; la médecine et la pharmacie pourraient fort bien être exercées par la même personne.

conservation de la santé de l'homme au milieu des vicissitudes de la vie, revenait toujours avec prédilection au milieu de nos intéressantes dissertations; c'était à ses yeux la meilleure et la plus précieuse opération à laquelle un savant pût se livrer. Il tenait surtout à fixer ma conviction sur cet objet de ses veilles incessantes, et lorsque je lui proposais des objections fondées sur le cours naturel des choses, il me répondait : « Vous êtes comme tous les
» hommes jeunes encore, qui ont déjà beaucoup appris,
» mais qui n'ont puisé qu'à une seule source ; comme eux,
» les phénomènes qui sont en apparence d'un autre ordre
» que ceux que vous avez étudiés vous surprennent et
» vous trouvent incrédule, vous ne réfléchissez pas que
» lorsque ceux qui vous sont plus familiers ont apparu
» pour la première fois, ils ont été accueillis avec la
» même défiance et la même incrédulité. Le galvanisme
» par exemple, l'électricité, l'ascension des aréostats,
» ces découvertes sublimes qui aujourd'hui n'étonnent
» plus même les enfans, ont elles passé froidement et
» sans contestation au milieu de la génération étonnée.
» Le magnétisme animal, et surtout le sommeil magné-
» tique dont rient en ce moment les ignorans, sont
» peut être les clés qui ouvriront la voie d'une série de
» découvertes qui changeront la face du monde. Vous
» surtout qui avez étudié avec tant de soins les phéno-
» mènes de la vie nerveuse, vous qui savez que nous ne

» vivons que par l'influence de l'élément nerveux, com-
» ment ne voyez vous pas que cet élément, étant par sa
» nature une matière insaisissable, il doit y avoir pour
» lui d'autres règles, d'autres influences que celles qui
» régissent la matière organique. Vous vous étonnez que
» l'on puisse donner à l'homme une durée plus grande,
» à ses organes une résistance plus forte que celles que
» nous leur connaissons, mais vous ne vous étonnez pas
» de voir des ouvriers, par la plus simple des opérations,
» donner au fer une dureté, une élasticité, une densité dix
» fois plus grande que celle qu'il avait primitivement ; le
» simple contact avec un courant magnétique donne à ce
» métal la propriété d'attirer son semblable par une de ses
» extrémités ou pôles, tandis qu'il le repousse par son
» pôle opposé; ce phénomène n'est pourtant pas expliqué
» par les savans. Est-ce que ce n'est pas une chose
» audacieuse, inouïe, que de contraindre la foudre à se
» concentrer sur un point, puis à descendre du ciel sans
» secousse ni tonnerre, pour suivre un fil de métal que
» lui a préparé la main de l'homme ? Vous vous étonnez
» à la proposition de retarder la marche des ans ; mais
» est-ce que l'horticulteur ne retarde pas à son gré
» aujourd'hui la marche de la floraison, de la germination
» des plantes ? est-ce qu'il ne commande pas pour ainsi
» dire à la nature, en faisant produire à sa volonté des
» fleurs dont il prédira d'avance l'arrangement des cou-

» leurs ? Est-ce qu'à l'aide d'un courant électrique, et
» d'une terre préparée, vous ne produisez pas en quelques
» instans la germination de certaines graines? Ce sont
» là pourtant des faits physiques opérés contrairement
» aux règles ordinaires. La nature elle-même, dans ses
» opérations, immuables en apparence, n'est-elle pas
» influencée par des circonstances physiques qui retar-
» dent ou hâtent sa marche ordinaire ? est-ce que sous
» l'influence de certaines températures exceptionnelles,
» ou n'a pas vu, dans nos climats même où cela ne se
» voit pas ordinairement, des arbres produire deux fois
» des fruits pendant la même année? Est-ce que par
» des moyens chimiques on ne parvient pas à arrêter la
» marche de la putréfaction, ou pour parler plus scien-
» tifiquement, de la reproduction? C'est pourtant là une
» des lois fondamentales de l'organisation de notre
» globe. Mais revenons à l'homme plus particulièrement.
» La vie a-t-elle été la même dans tous les âges et dans
» toutes les phases des diverses révolutions que notre
» planette a subies? il est au moins permis d'en douter,
» et beaucoup d'auteurs penchent à croire que, même
» dans notre période historique, la vie était plus longue
» au commencement qu'elle ne l'est aujourd'hui : les
» livres saints donnent une sanction positive à cette
» opinion. Et de nos jours même, est-ce que la vie a des
» limites absolues? Est-ce que l'on ne voit pas des gens

» qui vieillissent plus vîte que certains autres? quelqu'un
» a-t-il jamais su l'âge du comte de saint-Germain (1) ?
» Pourquoi donc serait-il impossible, au moyen d'un
» élément approprié à sa nature et de règles hygièni-
» ques bien coordonnées entre elles, de donner à l'homme
» une force plus grande, une vitalité plus énergique qui
» le mettraient à même de résister plus longtemps aux
» causes de sa destruction ? Rien dans la structure de
» l'homme n'indique la nécessité d'une vie courte et
» maladive: nature mobile, il se détruit et se reproduit
» sans cesse, et si l'une de ces conditions faiblit devant
» l'autre par l'effet du temps ou sous l'influence des mala-
» dies, pourquoi ne pourrait-on pas soutenir le principe
» de reproduction et le rendre égal, supérieur même à son
» antagoniste? Eh quoi! il me sera facile de tuer un homme
» ou seulement de l'affaiblir en lui tirant du sang, en le
» soumettant à une diète prolongée, et il me serait
» impossible de lui donner une plus grande somme de
» forces que celle qu'il aurait en apparence reçue, ou de
» réparer celles que lui auraient fait perdre les maladies !
» Quoi! Dieu nous aurait ainsi mesuré la vie avec une
» parcimonieuse économie? non cela n'est pas vrai, et
» c'est méconnaître sa puissance et sa bonté que de
» soutenir cette hypothèse irrationnelle et anti-philoso-
» phique. »

(1) Personnage mystérieux du siècle de Louis XIV.

C'est par des raisonnemens de cette nature, et par d'autres encore dont j'essaierais en vain de reproduire la force et la lucidité, que mon savant maître me préparait aux révélations de la haute science, et faisait passer dans mon âme la conviction qui était dans la sienne; je l'écoutais avec avidité, il semblait qu'un pressentiment sinistre m'avertissait que bientôt cette lumière serait éteinte pour toujours.

Nous travaillions avec ardeur à l'opération qui devait, par ses résultats, satisfaire l'impatience des associés, et assurer au respectable vieillard les moyens de se livrer en paix à de plus importans travaux. Cette opération, toute de métallurgie, consistait à faire un alliage de trois métaux d'inégale valeur, et de donner à ce mélange, par l'addition de certains agens chimiques, une homogénéité parfaite sur le titre le plus élevé d'entre eux. Ce travail était pénible, et pour l'avancer j'y passai fréquemment des nuits entières. Malheureusement je ne pouvais obtenir du maître de changer une méthode de travail qui l'obligeait à des tâtonnemens perpétuels, et qui l'exposait à de fréquens mécomptes, et lorsqu'il m'arrivait d'enfreindre ses ordres à cet égard, j'étais sûr d'être obligé de recommencer ce que j'avais obtenu par un procédé qu'il ne voulait pas admettre. C'est ainsi que beaucoup de temps fut perdu, et qu'une faute que j'eus le triste avantage de prévoir, nous fit dévier de la ligne qui devait, je le crois, nous conduire au succès.

Hélas oui, et à ce souvenir mon cœur tressaille encore de douleur : jamais je n'oublierai la terrible catastrophe qui, du même coup, renversa tant d'espérances, et décida de la vie d'un homme, qui renfermait en lui toutes les vertus comme toutes les sciences, un de ces hommes taillés sur le plus beau modèle antique, un de ces hommes à qui Rome, dans ses temps de gloire, eût élevé des statues.

C'était vers la fin de 18.., notre travail était terminé, mais je ne me sentais pas de joie au cœur; nos amis avaient, dans une folle sécurité, trop peu compté avec eux-mêmes, avec leurs ressources, et aussi sur les chances inséparables d'une telle opération ; ils étaient dans le délire du bonheur et ne voulaient même pas penser à la possibilité d'un non succès; leur confiance était telle qu'ils préparaient une fête, qui devait, disaient-ils, couronner la journée où la certitude de la réussite nous serait acquise.

Je vins à Paris accompagné de mon ami l'astronome; nous portions avec nous un petit lingot d'échantillon que nous nous empressâmes de soumettre à un essayeur. Dire ce qui se passait en moi pendant l'opération d'essai, serait impossible ; ma vie semblait fondre avec le métal. Mais comment ne suis-je pas mort lorsque j'entendis ces mots : — *Cela contient peu d'or, c'est de l'or bien mêlé*........,

On fit la vérification exacte du produit, et il fut démontré que si l'opération n'avait pas complétement échouée, du moins était-il certain qu'en défalquant du résultat obtenu, le travail et les frais, il ne restait en bénéfice qu'une très mince valeur; c'était un travail qui pouvait être productif, mais, dans tous les cas, immensément loin de la fortune facile qu'on avait rêvée!...

Le désespoir fut grand, il fut proportionné à la joie qu'on s'était faite; aussi le découragement fut-il complet. En vain je proposai de recommencer seul le travail, et cette fois le vieillard y consentait, de le faire remonter au point où, selon moi, on s'était égaré de la vraie route, d'y consacrer tout mon temps, de m'enfermer au milieu des fourneaux, et de faire en trois mois ce qui avait été fait en un an, tout fut inutile. Soit impossibilité réelle, soit défaut de confiance, tout fut abandonné à l'instant même, et je le dis avec douleur, sans se préoccuper de la situation de celui qui, depuis près de dix ans, avait consacré ses jours, et tout ce qu'il possédait, à la réalisation d'une chose qui pouvait bien être chimérique, mais dont aussi la réussite aurait rendu plus puissant qu'aucun des rois de la terre, celui qui en aurait profité.

C'est alors que je vis celui devant qui je sentais doublement le malheur de n'être pas riche, s'élever à la plus sublime hauteur du stoïcisme. « J'ai assez vécu,

» me dit-il ; mon seul regret est de ne pas voir la fin de
» mon œuvre; mais j'espère que vous la continuerez et
» que vous réussirez. Dieu vous en procurera les
» moyens. Je n'en veux pas à ceux qui m'abandonnent
» si cruellement, ma seule peine est de voir qu'ils me
» regardent comme un trompeur ; je vais à Paris, je ne
» veux ni ne peux vivre plus longtemps ici. En réunis-
» sant tout ce qui me reste, j'aurai de quoi vivre pendant
» quelques mois, c'est tout ce qu'il me faut; je n'ai plus
» qu'à me préparer à paraître devant Dieu. »

Tout se passa comme il l'avait dit, car cet homme était quelque chose de plus qu'un homme. Il vint à Paris, je le voyais tous les jours ; pas une plainte ne sortit de sa bouche. Il parlait peu de l'œuvre abandonnée, mais beaucoup plus des choses de médecine; il s'occupait à perfectionner les moyens de neutraliser les effets de la caducité, ainsi que le principe des maladies. Il me fit voir plus d'une fois qu'il connaissait mieux que personne l'organisation humaine, et surtout le principe de la vie. « Ne soyez médecin, me disait-il, que ce
» qu'il faut pour être utile à vos semblables, guérissez
» les maladies, je vous en laisse plus d'un moyen assuré,
» mais appliquez-vous surtout à les empêcher, c'est par-
» là que vous mériterez bien de l'humanité, et c'est
» aussi par-là que, de là-haut, je vous reconnaîtrai pour
» mon élève. »

La vie s'éteignait visiblement en lui; une petite toux se déclara avec accompagnement de fièvre. Très alarmé, je le suppliai de permettre que je lui donnasse les soins que réclamait son état, je voulais qu'il prît de l'élixir qu'il m'avait fait composer, et dont les effets avaient tant de fois été miraculeux sur des malades que nous avions soignés. Il n'en voulut absolument rien faire, et un soir que je l'en pressais plus vivement qu'à l'ordinaire, il me dit : « Vos instances sont inutiles, je dois mourir et ne » veux rien faire pour l'empêcher; j'ignorais quelle serait » la maladie qui devait mettre fin à une existence dont » j'ai fait le sacrifice, je sens maintenant que ce sera celle » de mon père; j'en remercie Dieu parce qu'elle ne sera » pas longue; vous voyez que ma poitrine s'embarrasse » ce sera bientôt fini, hâtons-nous, j'ai encore bien des » choses à vous dire pour compléter les instructions que » je veux vous laisser. »

. . . . . . Le 15 février 18.. un homme consterné suivait seul un cercueil recouvert du drap des pauvres, et les passans qui jetaient un regard distrait sur ce triste convoi, ne savaient pas quelle perte venait de faire l'humanité, ni combien de précieuses et d'utiles vérités allaient être enfouies avec cette dépouille mortelle.

. . . . . . Grand et respectable D.......y que les regrets de ton élève, que son amitié respectueuse et reconnaissante consolent un peu ton ombre vénérée!...

DISSERTATION.

> Cuvier a défini la vie : « La faculté qu'ont certains corps de durer pendant un certain temps et sous une forme déterminée, en attirant sans cesse à eux une partie des substances environnantes, et rendant à leur tour aux élémens une portion de leur propre substance. »

La science hermétique a pour objet le bonheur de l'homme ; ses moyens consistent dans le maintien de l'harmonie, qui, selon le vœu du créateur, doit constamment présider à toutes les parties de la création.

Laissant de côté la partie de cette science qui a trait à la composition des principes organiques de la matière, nous ne l'envisagerons que sous le point de vue des services qu'elle peut rendre à l'humanité, par son application à la conservation de l'homme.

Il n'a pu entrer dans la pensée de personne qu'une science, quelle que soit son origine ou son étendue, pût renverser l'ordre de la nature. La science hermétique n'a jamais eu cette prétention, et ses plus fervens adeptes n'ont jamais prétendu pouvoir rendre la vie éternelle ; ils n'ont pas cru non plus qu'il fût possible de conserver indéfiniment la santé à celui qui se ferait un jeu de s'exposer à toutes les chances de destruction ; ils ont seulement admis la possibilité *de conservation*, en rendant plus intimes les élémens de combinaison, et en cela ils ont été d'accord avec les principes généralement adoptés par les philosophes de l'antiquité.

La science hermétique a, comme toutes les sciences, ses maximes et son application. Ses maximes, fruits de l'expérience et de l'étude des phénomènes de la vie, enseignent les moyens de *prévenir* les altérations physiques qui troublent ou qui détruisent le principe vital. Son application ou son *arcane pratique*, enseigne l'art de faire concourir tous les corps de la nature, quel que soit le règne auquel ils appartiennent, au grand œuvre de *conservation* qui est le grand problème, la conclusion finale de toutes ses opérations.

Ces deux mots, *prévenir* et *conserver*, sont donc les seuls aphorismes de cette science toute naturelle, qui est complétement distincte et indépendante de la science médicale, puisque celle-ci a pour but essentiel, unique, la guérison des maladies ; c'est-à-dire le rétablissement de l'harmonie que la science hermétique a pour mission de conserver.

A part quelques exceptions malheureuses qui confirment plutôt la règle qu'elles ne la contredisent, on reconnaît dans l'organisation de l'homme, une si haute prévoyance, de si justes proportions dans toutes ses parties, qu'il est évident que sa destinée naturelle devait être une longue vie exempte d'infirmité : « Les maladies » ne sont pas la conséquence nécessaire de notre organi- » sation, elles viennent de nos fautes, de nos imprudences, » ou des circonstances au milieu desquelles nous sommes » forcés de vivre (1). »

Écarter par des règles sages les causes de perturbation dont l'action se fait sentir sur l'organisation humaine, fortifier l'élément conservateur qu'elle a reçu avec le principe de vie, telle est la loi fondamentale de la science hermétique dans ses rapports avec l'homme ; tel est aussi le but que s'est proposé l'auteur de ce livre, en offrant à tous le partage d'une science acquise avec labeur, et le bénéfice d'une participation facile aux résultats de ses longs travaux.

Il n'y a qu'une vie pour l'homme ; son principe est le fluide éthéré nerveux que j'ai aussi appelé dans un

(1) *Traité de la gastrite et des affections nerveuses*, 5ᵉ édition, page 26. Chez Labé, libraire à Paris, place de l'École-de-médecine.

autre ouvrage *électro-vital* (1). Cette vie peut-elle être éternelle ? Non ; les lois qui régissent la matière s'y opposent absolument. Peut-elle être altérée ? Oui, par diverses causes que l'on nomme *maladies*. Peut-elle être prolongée ? Oui, en fortifiant sans cesse son élément *de conservation*.

La durée de la vie de l'homme, abstraction faite des

(1) Je dis fluide *éthéré nerveux* pour exprimer une chose que je ne saurais exprimer d'une autre manière, et à la démonstration de laquelle il faudrait consacrer un volume au moins ; c'est ce fluide, cet éther insaisissable, élément de vie, dont tout nous démontre l'existence, mais dont nous ne pouvons saisir le rapport intime avec notre organisation physique. « La vie réside dans le jeu de nos organes, disent quelques » physiologistes, la vie est l'ensemble de tout ce qui est. » C'est très bien dit : mais qui a produit le premier mouvement dans les organes ? qui est-ce qui entretient l'équilibre de la vie, l'excitation ou l'harmonie vitale *dans ce qui est ?* Si l'on pratique une section complète de la moelle épinière dans son point de connexion avec le cerveau, dont elle n'est d'ailleurs que le prolongement, le phénomène de relations intellectuelles s'arrête instantanément dans toutes les parties qui se trouvent au-dessous de la division, et la vie générale ne tarde pas elle-même à s'y éteindre complétement ; le cerveau à son tour meurt dans une période de temps que nous ne connaissons pas bien encore. Pourquoi ? C'est que le cours du fluide nerveux se trouve interrompu entre son foyer et les nombreux canaux qui le reçoivent et le distribuent, c'est que le cerveau, par suite de cette interruption, *et de la mort physique qui s'en est suivie*, se trouve à son tour privé de sa participation à la vie commune, d'une part par l'interruption du cours de son contingent de nutrition, et de l'autre par celle du mouvement galvanique qui résulte du concours et de l'ensemble des phénomènes de la vie physique. On peut donc dire avec vérité que le principe de vie réside tout entier dans l'élément nerveux, car la vie progressive ne se manifeste, et par conséquent les organes ne commencent à fonctionner, que lorsque cet élément leur a transmis la première secousse d'impulsion.

circonstances accidentelles qui peuvent en abréger le cours, est en raison de la force d'impulsion qui lui a été donnée au moment de la conception. Le vieillard, l'homme faible ou valétudinaire, l'adolescent dont la virilité n'est pas encore suffisamment développée, ont chacun une somme de vitalité proportionnée à leur état particulier; ils ne peuvent donner plus qu'ils n'ont. Cette règle est commune à tous les hommes, et c'est ce qui explique les différences qui existent dans l'espèce humaine sous le rapport de la force vitale, de l'état de santé, ou du tempérament.

Ainsi, la durée de la vie humaine dépend de l'impulsion génératrice qu'elle a reçue; et si l'on veut me permettre une comparaison bien matérielle sans doute, mais qui peint toute ma pensée, je dirai que l'homme ressemble, sous le rapport de la vitalité, à un boulet lancé en plein espace. Ce boulet fournira une carrière plus ou moins étendue, selon la force de la charge, ou la qualité de la poudre qui aura produit sa projection; et cette comparaison se trouve également juste sous un autre rapport; car de même que le projectile que nous prenons pour terme de comparaison, bien que placé dans les meilleures conditions pour fournir une longue portée, pourra voir son cours diminué ou arrêté par les obstacles qui se rencontreront sur son passage, de même, l'homme, quoique pourvu de la plus généreuse dose de vitalité, pourra voir sa carrière amoindrie ou tranchée, par un de ces accidens que la providence semble avoir placé sous nos pas comme pour dérouter nos prévisions humaines.

Parmi les accidens qui peuvent abréger la vie de l'homme, il en est qui sont de nature à ne pouvoir être ni prévus ni parés ; mais il est en est un grand nombre contre lesquels la science et la sagesse seront toujours efficaces ; de ceux-ci les uns sont dus aux fautes que par imprudence ou par ignorance on peut à chaque instant commettre ; les préceptes que l'on trouvera dans ce livre suffiront pour en garantir ceux qui les observeront ponctuellement ; les autres tiennent à notre nature propre, ou aux circonstances au milieu desquelles nous vivons, c'est-à-dire qu'elles dépendent de notre défaut de vitalité ou des influences qu'exercent sur nous les choses extérieures. C'est particulièrement contre ces derniers que sera dirigé l'arcane pratique de la science, en d'autres termes *l'application de la science hermétique à la conservation de l'homme à l'état de force et de santé* (1).

(1) L'arcane n'est pas seulement destiné à préserver des maladies par le moyen du soutien ou du rétablissement des forces vitales, il est aussi dirigé contre le dépérissement des formes et l'amaigrissement des tissus, contre cet étiolement funeste qui est le précurseur de la vieillesse et de la décrépitude, la flétrissure de la peau, la chute des cheveux et des dents, l'haleine fétide, la prostration des forces, la diminution des facultés, etc., etc. Il se compose de deux uniques et précieuses compositions. (Voir pages 65 et 66.)

Le plus grand ennemi de l'homme, c'est l'affaiblissement progressif de ses forces ; cet affaiblissement a lieu parce que l'élément vital a lui-même une durée proportionnelle, et que sans cesse il est en lutte avec le principe destructeur que la nature a imposé à la matière pour servir d'antagoniste à sa durée. Mais de même que l'on galvanise le fer pour lui procurer une durée double de celle qu'il aurait eue sans cette précaution, de même il est possible, par l'assimilation graduée et continue d'un principe régénérateur approprié à la nature de ses organes, de donner à l'homme, quels que soient son âge et ses conditions de vitalité, une force de résistance, une énergie d'impulsion capable de repousser le principe des maladies et de ralentir la marche d'une décadence, que Dieu a rendue inévitable sans doute, mais qu'il n'a pas défendu de retarder par tous les moyens que dans sa bonté il a mis en notre pouvoir.

PRÉCEPTES [1].

I.

Celui qui prétend guider les autres dans la voie de la sagesse doit d'abord s'étudier lui-même, interroger sa conscience, et se demander s'il se sent la force de faire le bien, même à ceux qui pourraient vouloir lui faire du mal.

S'il veut se consacrer à la science de la conservation de l'homme, il doit étudier l'homme dans les plus petits

---

[1] Ces préceptes ont été en très grande partie écrits sous la dictée du philosophe que nous avons fait connaître, ou transcrits sur ses manuscrits. En général, l'ensemble de cet ouvrage n'est que le résumé de ses inspirations et peut être considéré comme son œuvre propre.

détails de son organisation, il doit aussi connaître l'influence que peuvent exercer sur lui les causes morales, les passions, les chagrins, les plaisirs ; il doit surtout étudier les phénomènes de l'assimilation, car c'est par l'assimilation que l'homme s'entretient et se répare, et c'est aussi par l'assimilation qu'on peut le fortifier. Il est nécessaire pour cela de connaître les propriétés utiles ou nuisibles de tous les corps de la nature par rapport à l'homme, et les effets qu'ils peuvent produire sur lui.

II.

Le philosophe doit être doux, humain, juste ; il doit autant qu'il est en son pouvoir compâtir aux maux de son semblable ; il doit être tolérant pour les fautes et sévère pour le vice; il doit connaître toutes les passions et ne succomber à aucune.

III.

La plus belle faculté de l'homme c'est de pouvoir transmettre la vie qu'il a reçue; cette faculté l'élève à la puissance du créateur.

Celui qui veut accomplir cet acte solennel doit examiner s'il se trouve dans les conditions de force et de santé propres à donner à l'être qui attend la vie les élémens d'une existence dont il puisse savoir gré à son auteur. Le néant est cent fois préférable à une vie misérable.

IV.

L'enfant né doit aussitôt recevoir tous les secours, tous les soins que son état de faiblesse exige impérieusement : faire cela n'est encore qu'accomplir le plus simple des devoirs de la nature ; ce n'est pas faire plus que ne font les derniers des animaux.

V.

C'est par l'intelligence progressive que l'homme révèle sa supériorité sur les autres êtres ; pour lui l'affectuosité croit en proportion de sa durée et avec ce qui en est l'objet : le contraire est le renversement des lois divines et humaines.

VI.

La nature a donné à la mère, pour compensation aux douleurs de l'enfantement, les joies indicibles de la maternité. A peine né, l'enfant trouve en elle son premier protecteur et les élémens de sa conservation ; le sein doit lui être offert immédiatement, car c'est pour lui seul qu'il a été fait, et il contient déjà un élément nutritif approprié à l'état des organes qui l'attendent.

VII.

Il faut tenir l'enfant dans un grand état de propreté, couvrir ses membres sans les gêner ni les contraindre par aucuns liens, et ne point imiter ceux qui croient être sages en adoptant des méthodes, bonnes peut-être pour d'autres lieux et d'autres climats que ceux où ils se trouvent. Les Lacédémoniens, dit-on, baignaient leurs enfans au moment de leur naissance dans les eaux froides d'un fleuve : l'Histoire ne dit pas combien il succombait d'enfans par cette manœuvre irrationelle; et d'ailleurs le climat de la Grèce n'est pas le nôtre.

Ce que l'on doit faire, c'est d'accoutumer peu à peu les enfans à supporter sans peine comme sans dangers les divers changemens de température, les endurcir contre l'influence des choses avec lesquelles ils sont destinés à se trouver en contact.

VIII.

On doit, dès en naissant, laisser aux enfans le libre usage de leurs mains; on doit de bonne heure fortifier et assouplir leurs corps par un exercice bien réglé.

Les *bains de santé* et les affusions froides, si utiles aux adultes eux-mêmes, formeront une partie essentielle de l'hygiène des enfans.

IX.

L'enfant ne doit jamais être astreint à un travail physique ou intellectuel au-dessus de ses forces ; le petit du sansonnet ne peut avoir le vol de l'aigle. Si votre enfant ne peut être un savant, appliquez-vous à en faire un honnête ouvrier ; l'État a besoin des uns comme des autres ; et tel qui a fait un mauvais médecin, un pauvre avocat, serait devenu un excellent artiste, un bon manufacturier, ou un notable commerçant.

X.

Ne dites donc pas : mon fils sera ceci ou cela, mais appliquez-vous à étudier ses dispositions, à mesurer son intelligence, pour le diriger dans le sens du libre développement de ses facultés.

XI.

Jusqu'à l'âge de dix ans l'enfant ne doit point faire usage de boissons spiritueuses, et même après cet âge il ne doit en user que très modérément et selon les règles de la sobriété.

Ce n'est qu'à l'âge de cinq ans que l'on pourra donner aux enfans de *l'élixir de vie*, à moins qu'ils ne soient très faibles ou menacés de maladies lymphatiques, d'engorgemens des glandes, ou de mollesse des os.

XII.

L'homme est *omnivore*, c'est-à-dire qu'il peut et doit comprendre dans sa nourriture toutes les substances propres à l'alimentation. Le pain et la viande sont, parmi toutes les substances alimentaires, celles qui contiennent le plus d'élémens de nutrition.

XIII.

A mesure que les enfans avancent en âge leur nourriture doit devenir plus substantielle, leurs repas doivent être plus rapprochés que ceux des adultes.

XIV.

Accoutumez vos enfans à se coucher de bonne heure et à se lever avec le jour; rien n'est bon comme l'air du matin, comme les premiers rayons du soleil levant.

XV.

Le soleil est le père de la vie, il en est au moins l'agent vivifiant.

XVI.

A l'âge du développement des sensations, à cette époque qui précède la puberté, surveillez bien vos enfans, car c'est le moment de l'œuvre mystérieuse de la nature. Veillez bien à ce qu'ils ne profanent pas, à ce qu'ils ne répandent pas inutilement cette semence de vie dont la perte prématurée porterait un coup funeste à leur vitalité.

XVII.

Soyez avant tout l'ami de vos enfans ; que pour vous leur amitié surpasse la crainte ; appliquez-vous à diriger leur intelligence vers un but utile.

XVIII.

Éloignez de vos enfans les choses qui peuvent allumer en eux des désirs inconnus, des pensées corruptrices ; mais ne les tenez pas dans une ignorance abrupte des choses de la vie ; on ne peut éviter un écueil si on ne le connaît pas, ni fuir un danger dont on n'a pas l'idée ; montrez à vos enfans ceux qui entourent leur inexpérience à mesure que leur intelligence pourra les comprendre, avertissez-les du danger, sans exagération, la vérité n'en a pas besoin.

XIX.

La mère doit être l'amie, la conseillère intime de sa fille ; elle doit compâtir à ses premières souffrances, sympathiser avec ses premières joies, ses premières peines, ses premières émotions ; où la fille trouvera-t-elle un refuge si ce n'est dans le cœur et dans les bras de sa mère !

XX.

A mesure que l'homme avance dans la vie, de nouvelles sensations, de nouveaux besoins, mais aussi de nouveaux dangers l'environnent. Il ne doit jamais perdre de vue que la nature, qui n'a presque point mis de limites à son intelligence, en a mis à ses forces physiques, et que chercher à dépasser celles qu'il a reçues d'elle c'est s'exposer à les perdre sans profit.

XXI.

Les organes de l'homme sont disposés de telle sorte

dans l'ordre de leurs fonctions, qu'un temps de repos leur est nécessaire après le temps du travail; on ne peut impunément enfreindre cette règle de la vie organique. De même que la nuit succède au jour, de même le sommeil doit succéder à l'agitation, car c'est pendant le sommeil que les forces physiques et intellectuelles se réparent.

XXII.

La femme, compagne de l'homme, est placée près de lui pour adoucir par sa présence et par ses soins les amertumes inséparables de la vie; l'homme doit autant qu'il le peut lui épargner les fatigues qui ne sont point compatibles avec son organisation plus délicate; il doit la traiter avec amour, la guider par ses conseils et au besoin par son autorité. L'homme doit l'exemple de l'activité comme aussi de la sagesse. Comment pourrait-il condamner la femme qui a succombé à ses passions si lui-même ne sait pas résister aux siennes?

L'homme qui a contracté mariage doit s'attacher à étudier le caractère et les penchans de sa femme afin d'écarter d'elle ce qui pourrait troubler la tranquillité de son âme; qu'elle ne voie jamais prodiguer loin d'elle ce qu'elle a droit de considérer comme sa propriété.

Tout doit être commun dans un bon ménage, les peines

comme les plaisirs; mais l'homme doit épargner à sa compagne les chagrins ou les ennuis qu'il peut supporter seul.

La mission de la femme est une mission de paix; toute sa force est dans son amour, elle n'en doit point chercher d'autre; c'est l'arc-en-ciel qui suit l'orage; ses soins, ses caressses rendent la vie douce à celui qui travaille pour la communauté; la femme se doit tout entière à celui qu'elle a accepté pour époux.

Celui qui cherche à séduire une femme ou qui profite de sa faiblesse, commet un crime de lèze-humanité.

XXIII.

La sagesse et la tempérance doivent toujours présider aux actions des hommes; l'oubli de ce précepte est la cause principale de presque tous nos maux; nous mangeons sans faim, nous buvons sans soif, ce que les animaux ne font pas, et nous excitons doublement, et la plupart du temps sans besoin, des organes qui doivent avoir des intervalles de repos et d'activité.

XXIV.

Un Arabe interrogé sur son âge, répondit : « *Je ne sais pas*. Mes frères ne s'inquiètent point du nombre de jours qu'ils ont vécu : NOUS VIVONS TANT QU'IL PLAIT A

» Dieu, celui qui est fort a moins d'années que celui qui
» est faible. » Cette réponse est admirable et pleine de
consolations. Quoi de plus triste, en effet, que d'être sans
cesse à se dire : je suis né tel jour, j'ai aujourd'hui tel
âge, je ne puis plus guère espérer de vivre que tant de
jours. C'est la force vitale qui constitue l'âge, et le
vieillard qui a su conserver sa santé est plus jeune que
le jeune homme usé par les excès ou par la maladie.

XXV.

A tous les âges prenez soin de votre corps, maintenez-
vous dans un grand état de propreté, baignez-vous souvent, faites usage de l'eau de santé suivant les règles
prescrites, ne mangez pas outre mesure, prenez vos
repas à des heures régulières, ne mangez pas trop avide-
ment, ne forcez point votre marche jusqu'à vous procurer
de fortes transpirations, et si cela vous arrive changez de
vêtemens aussitôt; en aucune saison ne vous exposez aux
courans d'air frais; cherchez le soleil, et que votre habitation soit toujours visitée par ses rayons bienfaisans.

XXVI.

L'homme est environné des moyens propres à sa conservation ; la sagesse lui enseigne à les connaître, l'expé-

rience à s'en servir. Les produits de la nature ne peuvent être donnés en monopole à quelques uns, car Dieu est pour tous. Ne vous servez de votre science que dans un but louable et non pour satisfaire vos passions déréglés.

ARCANE PRATIQUE[1].

APPLICATION.

L'arcane pratique de la science hermétique est l'application de la théorie des affinités vitales à la conservation de l'homme ; c'était là le secret de quelques savans philosophes, secret qu'ils ont toujours caché sous des emblèmes mystérieux. C'était aussi celui de quelques hommes qui ont étonné le monde par la variété de leurs connaissances, et dont l'âge véritable a toujours été un problème pour leurs contemporains.

---

(1) L'arcane pratique ne peut pas plus être confondu avec la pharmacie, que la science hermétique, dont elle est l'application, ne peut l'être avec la médecine. La médecine et la pharmacie n'ont à s'occuper du corps humain que lorsqu'il est malade ; la science hermétique et son arcane ne s'en occupent *que pour l'empêcher de devenir malade.*

Y a-t-il toujours eu unité dans la composition secrète de l'élément chimique destiné à opérer ces étonnans résultats? c'est ce qui paraît le plus probable, car les auteurs qui en ont parlé ne varient sur la nature des matières de sa composition, que par un artifice de langage employé par eux à dessein dans le but d'égarer les curieux; et ce qui le prouve, c'est que les noms différens donnés à certaines substances se rapportent aux mêmes élémens et aux mêmes natures de substances; mais il est probable aussi qu'ils ont varié dans la manipulation, et que ceux qui ont vu leurs recherches couronnées par le succès, se sont tracé une route qui, tout en partant du même point pour arriver au même but, n'a pas toujours suivi la même direction.

Mais ce succès lui-même est-il bien constaté, et s'il l'est, comment et par qui a-t-il pu l'être? Une erreur, quelque respectable qu'elle soit par son objet, n'en est pas moins une erreur, et ces hommes n'ont-ils pu se tromper sur l'efficacité de leur merveilleux composé? Ces questions, que tout homme censé est en droit de faire, je me les suis faites bien souvent à moi-même, je les ai plus d'une fois adressées au savant vieillard qui m'a laissé le secret de ses savantes compositions. Mais il est des choses qui ne sont pas susceptibles de discussion, des choses qu'il faut admettre ou rejeter de prime abord, parce que la théorie n'en peut être traduite en langage vulgaire. Le phénomène de la génération, bien qu'il soit expliqué de plusieurs façons différentes, est encore un mystère pour nous : la formation des métaux, la germination des plantes, la coloration des corps, la nature même de notre globe, celle des eaux de la mer, les causes de son principe salé, et bien d'autres encore, sont des choses que nous acceptons comme des faits, bien que la science ne puisse nous en donner la raison positive. Ce que je puis dire, moi qui ai vécu avec des gens convaincus, moi dont la conviction a longtemps lutté, et lutte peut-être encore malgré les faits extraordinaires dont j'ai été témoin, moi qui ai beaucoup vu, beaucoup lu et beaucoup étudié, c'est que jamais je n'ai vu de composé plus approprié à la nature des organes humains que celui qui fut la base des préparations hermétiques; que ces préparations, dans les nombreux élémens de leur composition, ne contiennent aucune chose qui soit capable de produire la moindre altération à la santé la plus délicate, et qu'au contraire, il n'est aucune de leurs parties constituantes qui, prises séparément, une à une, ou combinées entre elles, à n'importe quelle proportion, ne soient capables de produire les plus heureux effets sur l'économie animale; que les gens de tout âge, de tout sexe, malades ou en santé, peuvent impunément en faire usage; et je me dis alors qu'une chose qui n'est pas un médicament, puisqu'elle n'est appliquée à la guérison d'aucune maladie, qui n'a rien de commun avec les composés pharmaceutiques, qui ne contient que des substances propres à fortifier la vitalité, soit en aidant la digestion, soit en facilitant la nutrition, soit en tonifiant le système musculaire, doit nécessairement avoir une action bienfaisante sur l'organisme vital ; et je me dis encore, qu'à supposer que je sois moi-même dans l'erreur en attribuant à ce composé des propriétés plus étendues que celles qu'il possède réellement, je n'aurai pas, du moins, cru à l'efficacité d'une chose sans valeur, encore moins malfaisante; par conséquent je n'aurai point à regretter d'en avoir propagé l'usage, car je ne le fais qu'en vue du bien de l'humanité ; et si je suis trop crédule ou trop croyant sur ce point, je n'aurai pas moins rendu service à la société en indiquant des préceptes d'hygiène et de moralité qui, pour n'être pas nouveaux, n'en sont pas moins d'une utilité réelle, et méritent assurément d'être remis sous les yeux de quiconque ne veut pas se tenir en opposition constante avec les lois de la nature.

INSTITUT HERMÉTIQUE.

On enseigne aux hommes l'art de s'entre-tuer, cet art est même fort en honneur aujourd'hui (1), on enseigne à quelques uns l'art souvent impuissant de guérir les maladies; mais de conserver la vie, de la protéger contre les mille dangers qui naîssent des progrès même de la civilisation, personne n'y songe, et je ne sais pas si les intéressés eux-mêmes s'en soucient beaucoup. Il

---

(1) Il y a le code du duel; il y a des maîtres d'escrime et de tir qui acquièrent de la fortune et de la considération; chaque jour on invente quelque nouveau moyen de destruction. On se presse pour voir l'homme qui a eu le triste avantage de tuer son semblable; on l'accueille, on le fête, on l'admire..... Singulière inconséquence dans une société dont le principe dominant n'est pourtant pas le mépris de la vie.

semble que l'homme ne soit ici bas que pour souffrir et mourir. La vie se résume pour beaucoup de gens dans cette enseigne des écrivains publics. — Naissances. — Mariages. — Décès.

J'ai toute ma vie rêvé la création d'un Institut que j'appellerai *hermétique* parce que c'est sous l'inspiration et pour la pratique de cette science qu'il sera établi; grâces au ciel, je crois approcher du moment où mon rêve pourra se réaliser.

Dans cet Institut Philanthropique, qu'on me pardonne encore ce mot malgré l'abus qu'on en a fait, le riche comme le pauvre recevront une honorable hospitalité; on y enseignera l'*art de vivre;* on enseignera aux mères l'art d'élever leurs enfans, de former des hommes sains et vigoureux; aux adultes celui de conserver leurs forces, aux vieillards celui de lutter avec avantage contre les causes de destruction; aux uns et aux autres des principes conservateurs d'hygiène et de morale, et surtout l'art de produire et de perfectionner les élémens chimiques de la combinaison des corps, mais seulement appliqués à l'espèce humaine, car je suis de ceux qui placent le suprême bonheur de l'homme *dans une libre et parfaite jouissance de toutes ses facultés.*

Alors il n'y aura plus de secret d'aucune sorte; tout sera révélé sans réserve, et chacun sera admis à participer aux fruits d'une longue étude et de laborieux travaux. Puisse ce moment arriver aussi promptement que je le désire (1).

(1) Qu'on ne croie pas qu'il s'agit ici de promesses illusoires ou d'une utopie irréalisable; les plans de l'Institut, son organisation, sont déjà adoptés; ils seraient en voie d'exécution sans les difficultés inséparables d'une entreprise qui nécessitera de grandes dépenses; les premiers fonds seront faits avec le fruit de mes économies particulières pendant vingt ans d'une vie laborieuse; ces fonds seront augmentés du produit de la vente du présent ouvrage, entièrement consacré à cet objet. Mes précautions sont prises, d'ailleurs, pour qu'après moi et après ma femme qui partage tous mes sentimens, si nous mourons l'un et l'autre avant la création de l'Institut Hermétique, tous mes projets d'exécution, formules et préparations de toutes sortes, deviennent la propriété du public.

COMPOSITION ET MANIPULATION

DE L'ARCANE HERMÉTIQUE.

Je me suis bien des fois demandé si je devais, dès ce moment, livrer à la publicité la composition de l'arcane hermétique, ou si je devais, pour quelque temps encore et dans de certaines limites, la conserver secrète. Mon esprit a longtemps flotté irrésolu entre ces deux déterminations, pesant le pour et le contre avec toute l'impartialité dont je puis être capable; je me suis décidé pour le dernier parti. Je vais en déduire les motifs.

J'ai toujours pensé qu'il était de mon devoir de conserver dans toute leur intégrité les formules qui m'ont été transmises, et de ne pas souffrir de mon vivant qu'il y soit porté la moindre atteinte; par conséquent j'ai dû ne m'écarter en rien des règles de manipulation observées avec tant de rigidité par le savant homme de qui je tiens ces précieuses recettes. Or, il faut qu'on sache que, sous le rapport de la composition seulement, ces formules sont extrêmement compliquées; il est d'ailleurs si difficile de réunir, dans toutes les conditions requises, les objets qui les composent, surtout pour de petites parties; il en est qui sont si peu en usage aujourd'hui, et on est si généralement porté à remplacer par des à peu près ce qui semble trop difficile à se procurer ou trop minutieux à combiner, que je suis persuadé que si je donnais maintenant et à chacun la liste des objets nécessaires pour la composition de l'arcane, il n'est peut-être pas une personne qui aurait la religieuse patience d'en rassembler tous les élémens. Mais ce n'est rien encore, et lorsqu'on est laborieusement parvenu à réunir des choses qui ne se trouvent pas en tous les lieux, ni à toutes les époques de l'année, il faut encore se livrer à une longue et minutieuse manipulation. Or, il faut une foi bien solide, surtout si l'on est quelque peu initié aux opérations de physique et de chimie, pour suivre pas à pas une vieille routine qui s'écarte très souvent des idées reçues; il faut aussi une grande patience pour exécuter, avec de nombreuses et minutieuses précautions, des choses que l'on serait tenté de croire tout aussi bien faites par des moyens plus simples ou plus expéditifs.

Ces diverses considérations m'ont déterminé à retarder la publication du secret des compositions, jusqu'à ce que des expériences dont je m'occupe en ce moment, m'aient démontré positivement la possibilité, que je crois entrevoir, de simplifier, tout à la fois, la composition et la manipulation des formules de l'arcane, et de les faire ainsi rentrer dans la simplicité des opérations de la chimie ordinaire. Jusque-là je me ferai un rigoureux devoir de ne m'écarter en rien des instructions qui m'ont été transmises, me bornant à exécuter, lorsque j'en ai besoin, avec une scrupuleuse fidélité, ce qui m'a été enseigné, et de la manière dont cela m'a été enseigné, et ne voulant pas livrer à l'appréciation d'un public inexpérimenté, peut-être même aux sarcasmes de quelques gens intéressés à les dénigrer, des choses qui ont été l'objet du respect et de la foi religieuse d'hommes de cœur et de science.

Mais si je ne puis encore rendre publique, et en quelque sorte vulgaire, la science hermétique, je puis au moins, dès à présent, faire participer à ses bienfaits ceux qui auront foi en elle, ceux qui liront avec fruit cet écrit et qui seront assez bien inspirés pour ne pas le confondre avec tant d'autres qui débordent de toutes paris; c'est ce que je ferai toutes les fois qu'on m'en fournira l'occasion, et avec des personnes qui me paraîtront guidées par d'autres motifs que ceux d'une vaine et stérile curiosité.

C'est à ce titre, et dans ce but, que je correspondrai avec ceux qui m'en témoigneront le désir; ma confiance ira toujours au-devant de la bonne volonté.

La correspondance doit être adressée à M. le chevalier J. DE SAINT-GERMAIN, rue Neuve-des-Capucines, 12.

APPENDICE.

Ce livre était terminé, imprimé, il allait être livré à la publicité, lorsqu'une soudaine réflexion détermina son auteur à y ajouter quelques pages ; cette réflexion la voici :

On doit craindre sans doute de compromettre l'importance de choses aussi sérieuses que celles dont il est question dans cet écrit, en les présentant de manière à permettre leur assimilation avec les objets d'un commerce ordinaire ; et cependant l'utilité générale de ces précieux produits, le bien qu'ils peuvent faire, le but honnête qu'on se propose en en propageant l'emploi, ne permettent pas de s'arrêter à des scrupules qui occasionneraient inutilement des dépenses, des lenteurs, ou des difficultés à ceux qui désireraient se les procurer. Il faut bien aussi traiter pécuniairement les choses qu'on ne peut débarrasser complétement de l'exigence pécuniaire, et traduire en chiffres ce qui ne peut être exécuté qu'au moyen de dépenses matérielles; il faut en un mot rentrer dans les conditions ordinaires de la vie, dire ce que coûte la chose dont on parle, comment et dans quel lieu on pourra se procurer cette chose.

Cela posé, l'auteur s'est également aperçu, qu'entraîné par la rapidité de sa pensée en traitant un sujet, si palpitant pour lui d'émotions, il n'avait fait pour ainsi dire qu'effleurer, dans les pages rapidement échappées à sa plume, ce qui touche à la nature et aux effets des composés de l'arcane hermétique. Or, si dans ce livre il n'est pas nécessaire de tracer toutes les instructions intimes qui ne sont vraiment utiles qu'à ceux qui feront usage des composés, il faut au moins que les personnes entre les mains de qui ce livre pourra tomber aient sur ces composés quelques notions propres à les fixer sur leur importance, leur usage et sur leur mode d'emploi; c'est ce qui justifie les annexes qui vont suivre, ainsi que l'observation finale qui termine.

DES PRODUITS HERMÉTIQUES.

A ne considérer les produits hermétiques que sous le point de vue matériel, et en dehors de la foi que donne la connaissance des hautes et mystérieuses combinaisons de la nature, ces composés pourraient passer pour de simples fortifians, qui ne diffèrent point essentiellement de ceux qui sont journellement recommandés aux personnes faibles, délicates ou convalescentes ; tels que les vins généreux exotiques ou indigènes, les élixirs toniques, les essences précieuses, les eaux distillées de fleurs et de plantes aromatiques etc., etc. Mais envisagés sous un point de vue plus relevé, et de la hauteur où se place celui qui, connaissant toute la puissance des affinités, a foi dans les procédés dynamiques de manipulation et d'attraction, ces composés quittent leur valeur matérielle pour en prendre une toute intellectuelle, et par cela même hors de toute espèce d'analyse chimique. C'est ce que comprendront ceux qui savent que la combinaison intime de certains élémens, opérée d'une certaine façon, peut donner lieu à la formation d'un corps nouveau qui ne peut plus être comparé à chacun des élémens primitifs de sa constitution. Libre donc à chacun d'envisager les produits hermétiques selon ses goûts, selon sa foi, ou la disposition de son esprit.

L'arcane hermétique se compose de deux produits, l'essence de vie, ou élixir hermétique, et l'eau balsamique de santé, on pourrait même dire *un seul*, car l'eau balsamique n'est-elle même qu'un produit secondaire de l'élixir.

L'élixir est pour l'intérieur, et l'eau balsamique pour l'extérieur, tous deux procèdent des mêmes principes.

ESSENCE DE VIE.

On lit, dans un manuscrit qui a été commenté par d'habiles manipulateurs, les phrases suivantes qui donnent une idée exacte de cet important produit.

» On ne peut dire autre chose de l'Essence de vie
» sinon que c'est *c'est la vie elle-même.*

» Que dire d'une chose qui n'est point un médicament
» puisqu'elle ne guérit point les maladies ?

» Qui n'est point une liqueur quoique sa forme soit
» liquide.

» Qui n'est point un cosmétique, car le but élevé de
» son usage interdit la pensée de la confondre avec les
» choses de ce nom.

» Composé mystérieux des substances les plus pures et
» les plus bienfaisantes, il tient à la science des hommes
» par sa manipulation matérielle indispensable, mais il
» tient à la création entière par le détail infini de son
» harmonieuse combinaison.

» C'est le verbe, c'est la vie, c'est l'élément nerveux,
» c'est la pensée vivifiante, c'est ce qui prévient le mal,
» c'est ce qui le détruit, c'est ce qui purifie le corps,
» c'est ce qui le fortifie, C'EST LA VIE ENFIN. »

Les lois ordinaires de la digestion ne sauraient guère s'appliquer à l'essence de vie; son affinité avec le corps humain étant plus puissante que celle des substances qui servent à l'alimentation, il en résulte qu'elle est en peu d'instans absorbée par les organes qui la reçoivent; c'est en raison de cette douce affinité qu'il est préférable de prendre l'élixir hermétique au moment même du repas, avant de commencer à manger; les alimens pénétrant dans l'estomac presque au même instant, s'opposent tant soit peu à la promptitude de l'absorption, et la rendent plus générale et plus efficace.

On prendra donc l'élixir hermétique au moment du repas, en commençant à manger.

La dose pour chaque fois sera d'une cuillerée moyenne, (cuillère ordinaire à potage), la moitié pour les enfans de cinq à dix ans; au-dessus de cet âge les trois quarts de la dose, à quinze ans la dose entière.

Il est inutile de doubler la dose comme on pourrait vouloir le faire dans le but d'en rendre l'effet plus énergique, cela ne ferait aucun mal, mais cela ne ferait aucun bien. Ceci ne ressemble pas à une liqueur ordinaire.

La dose prescrite pour chaque fois et pour chaque âge, devra donc être simplement observée ; elle contient juste la quantité d'élément conservateur que peut absorber en une fois l'individu qui en fait usage. Cet élément a, comme l'électricité, une force d'expansion qu'il ne peut dépasser; le corps qui en est une fois saturé ne peut en recevoir au même moment une plus grande partie que celle qui lui est nécessaire ; il en résulte qu'une plus forte dose d'élixir n'augmenterait en rien sa propriété vivifiante.

On peut réitérer la dose, selon le besoin ou selon la volonté, deux fois dans la même journée; mais en mettant cinq heures environ d'intervalle entre chaque dose.

On peut prendre l'élixir de vie soit une fois, soit deux fois, tous les jours, tous les deux jours, tous les trois jours, selon le besoin qu'on croit en avoir; mais il est préférable d'en prendre tous les jours une dose moyenne que de rester plusieurs jours sans en prendre, pour en prendre davantage ensuite : la continuité vaut mieux que la *quantité*.

On peut prendre l'élixir à tout âge et dans quelque position de santé où l'on puisse se trouver, excepté dans le cas de maladie accompagnée de fièvre; on doit le prendre principalement toutes les fois que l'on a lieu de craindre que les forces vitales fassent défaut, ou qu'elles soient affaiblies, abolies, ou simplement perverties.

L'Elixir de vie a surtout la propriété d'annihiler tout virus ancien, soit *originel*, soit *communiqué;* il est l'antagoniste absolu du mercure, qu'il chasse par toutes les voies naturelles; il détruit tous les germes de corruption quels qu'ils soient. C'est, en un mot, le contre-poison et l'antidote universel de toutes les humeurs impures ou dégénérées qui peuvent se trouver dans le corps humain.

Il est inutile de rechercher en soi quel peut être l'effet immédiat produit par l'élixir de vie, car cet effet n'étant point instantané, ne se révèle pas par des phénomènes appréciables aux sens; ordinairement on éprouve après l'avoir pris une douce chaleur, une légèreté de digestion, un sentiment de bien-être inaccoutumé; quelquefois même il n'y a aucun effet sensible. Le bien qu'une pareille chose produit ne se manifeste que peu à peu, d'une façon durable, et non avec l'effervescence d'une durée éphémère; ce qui tient d'aussi près à la nature, doit agir comme la nature elle-même.

EAU BALSAMIQUE DE SANTÉ.

L'Eau balsamique de santé, préparée selon les procédés hermétiques, peut être considérée comme un moyen universel d'entretien et de réparation extérieur ; c'est tout à la fois le conservateur, le réparateur de la force et de la souplesse musculaire.

Mêlée à l'eau des bains dans la proportion d'un demi-flacon pour un adulte (1), elle fait disparaître la fatigue occasionnée par une longue veille ou par un travail forcé ; elle donne aux membres une nouvelle et plus grande élasticité; à la peau, par un usage continu, la fermeté, le poli, la douceur qui sont toujours le caractère de la jeunesse et de la santé.

(1) Voir page 73, pour les bains de santé.

Étant par sa nature ennemie de toute impureté, elle réunit la qualité anti-putride à la qualité conservatrice : si on la mêle à l'eau de la toilette dans la proportion d'une cuillerée par verre d'eau, elle conservera à toutes les parties qui en seront imprégnées la fraîcheur et la pureté du premier âge.

Employée pure ou légèrement affaiblie elle arrêtera la carie des dents.

Les cheveux qui en seront chaque jour imbibés, à leur racine, soit à l'aide d'une fine éponge, soit au moyen d'un peigne trempé dans la liqueur pure, conserveront longtemps leur souplesse, leur brillant, et leur couleur naturelle.

En un mot l'Eau balsamique de santé produit sur toutes les parties avec lesquelles elle se trouve en contact, une sorte de galvanisation *conservatrice*, mais on ne doit point en attendre, comme de certains cosmétiques, des effets physiques instantanés ; c'est l'usage continu qui en révèle les admirables propriétés.

On ne doit pas la prendre à l'intérieur, non qu'elle puisse faire du mal, mais elle n'est point disposée pour cet usage.

BAINS DE SANTÉ.

Les bains de santé sont d'une grande utilité dans les divers cas qui viennent d'être énumérés ; ils sont éminemment *hygiéniques* et *conservateurs ;* ils sont surtout salutaires aux enfans dont la complexion paraît délicate, à ceux qui sont menacés de faiblesse ou de gonflement des os, de rachitisme, de déviation etc., etc.; ils sont utiles à la vieillesse comme moyen de *conservation* et de *réparation*, aux convalescens pour accélérer le retour de leurs forces.

Le bain de santé doit être pris tiède seulement ; les bains chauds énervent le corps et congestionnent la tête. Avant de se plonger dans l'eau on y versera la moitié environ du flacon, le quart pour un bain d'enfant, l'autre moitié sera réservée pour l'emploi qui va être indiqué plus loin. Après être resté trois quarts d'heure environ dans l'eau, le baigné se fera ou se fera faire sur le corps, particulièrement depuis les épaules jusqu'au genoux, une friction savonneuse avec du savon ordinaire de ménage, ou fera ces frictions de la manière suivante :

La personne étant dans son bain, on frictionnera l'un après l'autre chacun des bras qui, à cet effet, seront successivement tenus hors de l'eau; ensuite on frictionnera le col et le haut de la poitrine et du dos; puis le baigné se tenant debout dans la baignoire, on frictionnera le reste du corps; ces frictions doivent être faites avec douceur, on peut les faire avec la main nue, ou si on le préfère, garnie d'un gantelet de flanelle douce. La friction étant faite, elle doit durer quelques minutes, la personne baignée se replongera dans l'eau, soit pour s'y réchauffer, soit pour se débarrasser de l'onctuosité du savon; puis si la température le permet, et avec un peu d'habitude on pourra le faire en toute saison, elle se replacera debout dans la baignoire, et on lui versera de l'eau modérément froide sur les épaules, de façon que cette eau puisse couler le long du corps avec assez d'abondance pendant quelques instans. Ensuite on essuiera promptement le corps avec des linges chauds, aussitôt la sortie de la baignoire.

Avant de se vêtir, ou après s'être couché, si la

personne se place au lit après le bain, ce qui est une très bonne habitude, on fera sur la poitrine, le dos, les bras et le ventre, une friction vive et douce avec la partie du flacon qui n'a pas été employée pour l'eau du bain.

Rien ne saurait exprimer l'excellent effet d'un bain pris de cette manière : c'est une force vivifiante donnée au corps, une fraîcheur et une souplesse à la peau dont on ne peut se faire une juste idée quand on ne l'a pas expérimenté soi-même; l'eau de santé, participant à la nature de l'élixir de vie, en devient l'auxiliaire extérieur, et tient les organes dans un état de bien-être et de vigueur dont on se sent heureux plus qu'il n'est possible de le dire.

Les personnes qui par une raison quelconque ne peuvent faire usage de bains, pourront se contenter des frictions faites sur le corps avec l'Eau balsamique, et répétées, soit tous les jours, soit tous les deux jours.

OBSERVATION FINALE.

L'arcane hermétique, ainsi qu'on vient de le voir, se compose uniquement de deux espèces de préparations. Il se pourrait, qu'après avoir lu cet écrit, quelque industriel imaginât d'offrir au public des produits sans valeur qu'il affublerait de quelques noms propres à induire en erreur, peut-être même en se disant autorisé pour cela; nous devons d'avance protester contre une telle supercherie, si elle osait tenter de s'établir.

Jamais les produits hermétiques ne seront de notre aveu un objet de commerce; jamais ils ne seront classés comme marchandise, ni confiés à d'autres qu'à ceux qui auront acquis le droit d'en disposer. Cette importante considération, autant que le désir de faciliter à chacun les moyens de se pourvoir des précieux composés de l'arcane hermétique, ont déterminé l'auteur de cet écrit à prendre des mesures pour qu'il soit satisfait à toutes les demandes qui seront adressées à ce sujet; heureux de pouvoir, à des conditions telles que chacun puisse y prétendre, faciliter la transmission des choses dont l'exécution serait, pour ainsi dire, impossible à toute personne non initiée à la science.

Est-il nécessaire de déclarer que le prix des composés a été établi, non d'après leur valeur inestimable, mais uniquement d'après la dépense matérielle qu'ils ont nécessitée. Ceci n'est point une affaire de commerce ou de spéculation, c'est quelque chose de plus élevé ; et l'on a dit autre part à quel usage sera employé l'excédant en recettes, quel qu'il puisse être, ainsi que le produit de ce livre même qui, par ce motif, n'est pas mis dans le commerce ordinaire de la librairie.

Les personnes qui désireront se procurer les composés de l'arcane, et en même temps recevoir toutes les instructions nécessaires pour leur usage, pourront donc en adresser la demande, *par lettres affranchies*, au chevalier J. de Saint-Germain, rue Neuve-des-Capucines, n° 12. L'avis de demande sera transmis par une lettre ordinaire indiquant toujours bien les noms et lieux de destination, avec engagement d'acquitter le prix à la réception.

OBSERVATION FINALE.

Les prix sont fixés invariablement :

1° Pour un flacon d'Élixir hermétique comme pour plusieurs, chaque, dix francs, emballage compris (1).

2° Pour une boîte d'Eau balsamique de santé, contenant six flacons, dix francs (2)

---

(1) Il n'est rien compté pour les frais d'emballage, quelle que soit la valeur de la demande.

(2) Les personnes qui feront payer d'avance à Paris, soit par correspondans, soit par un mandat sur la poste ou sur particuliers, ou qui pourront profiter d'une occasion particulière, messagers de ville, etc., s'épargneront les droits assez onéreux de recouvremens que prélève l'administration des Messageries pour les articles remboursables en argent.

Il faut écrire bien lisiblement les noms propres, ainsi que les noms de ville ou de commune, et donner tous les renseignemens nécessaires pour la destination.

Si le lieu de destination n'est point un lieu de correspondance ou de dépôt des Messageries, on indiquera le bureau le plus voisin pour y déposer l'envoi ; la personne alors aura soin de le faire réclamer.

Les lettres non affranchies ne seront pas pour cela refusées, mais le prix en sera toujours invariablement ajouté au montant de la demande expédiée, la remise faite des frais d'emballage, et la modicité des prix fixés, ne permettent pas de supporter les frais de correspondance. On peut joindre à la lettre toutes demandes particulières, observations, etc., etc., il y sera répondu exactement. Les personnes qui n'auront pas fait payer d'avance acquitteront en recevant l'envoi.

www.ingramcontent.com/pod-product-compliance
Lightning Source LLC
LaVergne TN
LVHW050606090426
835512LV00008B/1362